¡BRAVO, SUPERMOSCA!

Tedd Arnold

Beascoa

Para mi alma máter, la Universidad de Florida y nuestro buenísimo equipo de deportes.

¡BRAVO, GATORS!

Copyright © 2008, Tedd Arnold

Título original: *Hooray for Fly Guy!*

© 2009, Beascoa, Random House Mondadori, S.A.
Travessera de Gràcia, 47-49. 08021 Barcelona

Publicado por acuerdo con Scholastic Inc., 557 Broadway, New York, NY 10012, USA
La negociación de este libro se llevó a cabo a través de Ute Körner Literary Agent, S.L.,
Barcelona-www.uklitag.com

Primera edición: marzo de 2009

Traducción: Iolanda Batallé Prats

ISBN: 978-84-488-2847-9

Depósito legal: B-5180-2009
Impreso en España
Imprenta:Gramagraf Sccl.
Encuadernación: Baró S.XXI

Un niño tiene una mascota.
Se llama Supermosca.
Supermosca sabe decir
el nombre del niño:

Capítulo 1

Gus se lleva a Supermosca a jugar a fútbol.

El entrenador comenta:

—Necesitamos a otro
jugador para el gran partido.

Gus propone:

—Supermosca puede jugar.

El entrenador se ríe.

—Las moscas no juegan
a fútbol americano.

Gus responde:

—Supermosca, enséñale lo
que puedes hacer.
Supermosca chuta el balón.

Supermosca se hace un pase.

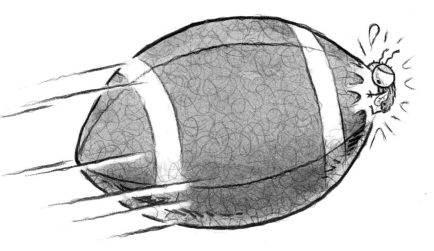

Supermosca quiere hacerle un placaje a Gus.

—Lo dicho, yo tenía razón
—dice el entrenador—. Las
moscas no juegan a fútbol.
Pero puede venir al partido.

Capítulo 2

Llega la víspera del gran partido. Y Gus hace un casco para Supermosca.

Juegan a fútbol americano.

Pegan unos cuantos saltos.

Estudian una jugada secreta.

Se marcan un bailoteo para
después del gol.

Y llega el gran partido.

El entrenador explica:

—Tenemos a un nuevo jugador
en el equipo.

Supermosca se sienta
en el banquillo.

Empieza el partido.

Su equipo marca.

Supermosca lo celebra.

El otro equipo también marca.

Supermosca sufre.

Los otros están marcando mucho.

Capítulo 3

Sólo queda un segundo de juego.

EL GRAN PARTIDO

LOS-GUAPOS — 14

LOS-OTROS — 17

No puede ser.

Los otros están ganando.

Y el jugador nuevo
se hace daño.

El entrenador se rinde:

—De acuerdo, Supermosca, puedes jugar. Total, el partido está perdido.

Gus le propone:

—Vamos, Supermosca, hagamos
nuestra jugada secreta.

Supermosca está preparada.

El otro equipo se lleva la pelota.

Supermosca vuela rápido y recto.

Vuela directa a la nariz
del contrincante.

Al otro se le cae la pelota.

Gus la recoge y corre.

¡Marca!

Supermosca y Gus pueden
hacer su bailoteo de gol.

El equipo lo celebra.

–¡Hemos ganado!

¡Viva, Supermosca!